KW-223-571

Les Chercheurs De Dieu

Tome 6

Marie, mère de Jésus

Scénario : Benoit Marchon

(avec la collaboration de François Mourvillier)

Dessin et couleur : Jean-François Kieffer

bayard jeunesse

© Bayard Éditions, 2013
18 rue Barbès, 92120 Montrouge
ISBN : 978-2-7470-4948-1
Dépôt légal : septembre 2013
Loi 49-956 du 16 juillet 1949 sur les publications destinées à la jeunesse
Reproduction, même partielle, interdite
Imprimé en France chez Pollina - L65810A

Marie, mère de Jésus

Marie a vécu il y a deux mille ans en Palestine. Ce petit pays, situé au bord de la mer Méditerranée, était occupé par les Romains. Marie était une jeune fille pauvre de religion juive.

La mère du Messie

Comme beaucoup de juifs, Marie attendait le Messie, un envoyé de Dieu qui libérerait le peuple des Romains. Un jour, un ange de Dieu a annoncé à Marie qu'elle serait la mère du Messie. Elle a accueilli cette extraordinaire nouvelle avec une grande confiance.

Un amour discret

Marie a gardé cet étonnant message dans le secret de son cœur. De la naissance de Jésus jusqu'à sa mort sur la croix, elle l'a aimé et l'a accompagné discrètement dans sa mission.

Vivante auprès de Jésus

Après la Résurrection de Jésus, elle a fait partie du groupe de ses disciples qui ont continué à annoncer son message d'amour à tous les hommes. Aujourd'hui, les catholiques du monde entier croient que Marie est vivante auprès de Jésus. Ils la prient dans les moments de joie ou les moments difficiles pour qu'elle les aide à faire confiance à Dieu.

« Je suis la servante du Seigneur. »

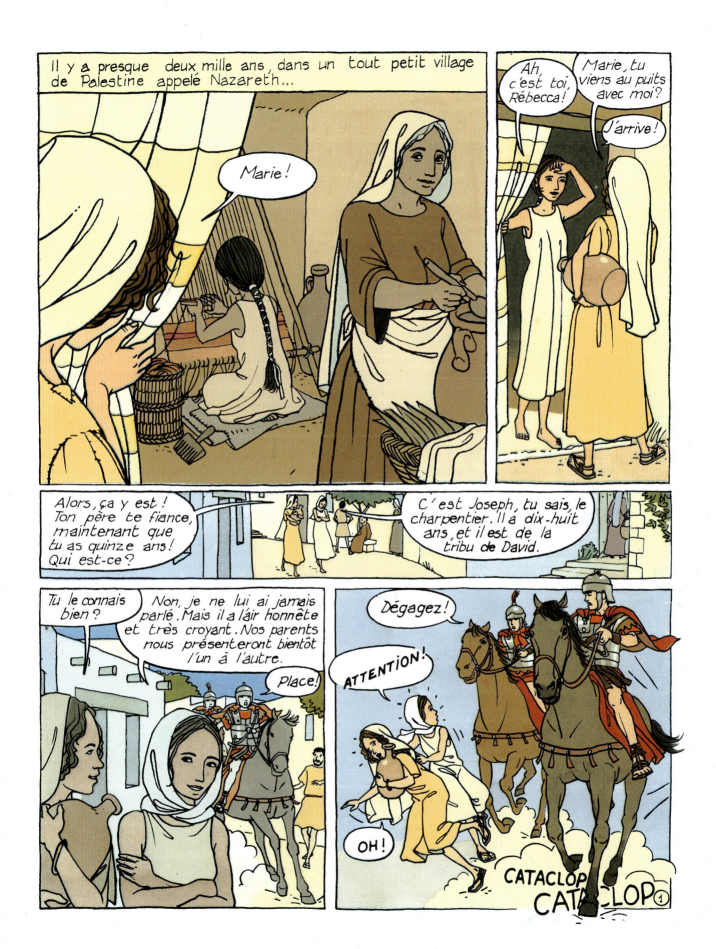

9

1. Prophètes : les prophètes sont des personnes dont la vie et les paroles sont inspirées par Dieu.

Quelque temps plus tard...

Marie, voici mon fils Joseph!

Joseph, voici Marie, ma fille !

Apprenez à vous connaître... et à vous aimer! Nous célébrerons vos fiançailles dans quelques semaines et, si tout va bien, votre mariage dans un an.

Joseph et Marie se voient plusieurs fois...

Et bientôt...

Je te demande Marie comme épouse. Voici pour elle mon cadeau de fiançailles...

Joseph aime Dieu. Je crois que je serai heureuse avec lui...

3

Un jour...

Réjouis-toi, aimée de Dieu! Le Seigneur est avec toi!

N'aie pas peur, Marie! Tu as été choisie par Dieu...

Tu vas être enceinte, tu auras un fils que tu appelleras Jésus. Il sera roi, pour toujours...

Comment est-ce possible puisque je ne suis pas mariée?

La puissance de l'Esprit de Dieu viendra en toi. Cet enfant, on l'appellera Fils de Dieu...

1. Il y a dans la Bible de nombreuses naissances étonnantes qui veulent montrer la présence de Dieu dans l'histoire des hommes.
2. Ange : dans la Bible, l'ange est un être mystérieux qui apparaît ou se fait entendre pour communiquer des messages de Dieu.

Bientôt...

Embrasse Elisabeth et son mari de notre part!

Merci de veiller sur elle pendant le voyage!

Au revoir, maman! Et dis à Joseph de ne pas s'inquiéter!

Marie! comme tu as changé!

Tu ne peux pas savoir comme je suis heureuse de te voir!

Ouh la!

Je ne sais pas si c'est l'émotion...

Mets ta main. Tu sens comme il bouge?

Elisabeth, j'ai quelque chose d'extraordinaire à te raconter!

Viens avec moi sur la terrasse...

6

14

Tu es bénie entre toutes les femmes, et l'enfant que tu portes est béni ! Quand tu m'as dit bonjour, mon enfant a bondi de joie en moi !

Quel honneur ! La mère du Messie vient chez moi ! Tu es heureuse d'avoir cru que Dieu tient parole !

Alors Marie se met à prier en s'inspirant de phrases des livres saints qu'elle connaît par cœur.

Mon âme exalte le Seigneur ! Je suis remplie d'une joie extraordinaire !

Il m'a regardée, moi, sa petite servante. Jusqu'à la fin du monde les hommes se souviendront de mon immense bonheur ! Oui, Dieu a fait pour moi des merveilles ! Saint est son nom ! Il renverse les gens puissants de leur trône, il met à leur place ceux qui sont humbles.

Il donne du pain à ceux qui ont faim et renvoie les riches les mains vides. Il se souvient des promesses qu'il a faites à notre peuple !

Trois mois plus tard...

Je suis contente que tu sois restée pour la naissance de Jean !

Tu sais, je suis sûre que Dieu lui fera faire de grandes choses !

Certainement moins qu'à ton enfant !

Bonne route, Marie !

Et maintenant, comment Joseph va-t-il réagir à ce qui m'arrive ?

⑦

15

Quel rêve! C'est bizarre, je me rappelle toutes les paroles de l'ange : « Joseph, n'aie pas peur d'épouser Marie. Son enfant vient de Dieu. Tu l'appelleras Jésus, ce qui veut dire "Dieu sauve". »

Marie, je te fais confiance et je fais confiance à Dieu... Je t'épouse!

Et bientôt...

Vive les mariés!

Quelques mois plus tard...

César Auguste, empereur de Rome, a ordonné un recensement de tous les habitants du pays!

Chaque chef de famille se fera inscrire dans le village de ses ancêtres!

Ce doit être pour vérifier que tout le monde paie bien leurs fichus impôts!

Marie, nous devons aller à Bethléem, le village où a vécu mon ancêtre David. C'est à quatre jours de marche!

J'accoucherai sans doute là-bas...

9

Au petit matin...

Euh...! On peut entrer?

Oui! Mais doucement : il y a un nouveau-né!

Justement...
Ben voilà, on est des bergers. Cette nuit, on gardait les troupeaux sur les collines, là-bas...

Et voilà qu'un homme arrive vers nous. Sa lumière nous éblouissait!

On aurait cru un ange!

Il nous a dit comme ça: "Je vous annonce une très bonne nouvelle! Aujourd'hui, le Messie est né dans la ville de David! Vous le trouverez dans une mangeoire..."

Après, on a entendu une chanson joyeuse qui parlait de paix!

Alors voilà! On vient voir le petit...

Et puis, on va essayer de lui jouer cette musique avec nos instruments...

Parce que si c'est le Messie...

Tous ces évènements sont si extraordinaires... Je ne les oublierai jamais...

1. Circoncision : cette opération consiste à couper un petit bout de peau à l'extrémité du sexe des garçons. 2. Temple de Jérusalem : pour les juifs, c'était la maison de Dieu parmi les hommes. Ils venaient y prier et offrir des sacrifices d'animaux à Dieu pour le remercier ou faire pénitence.

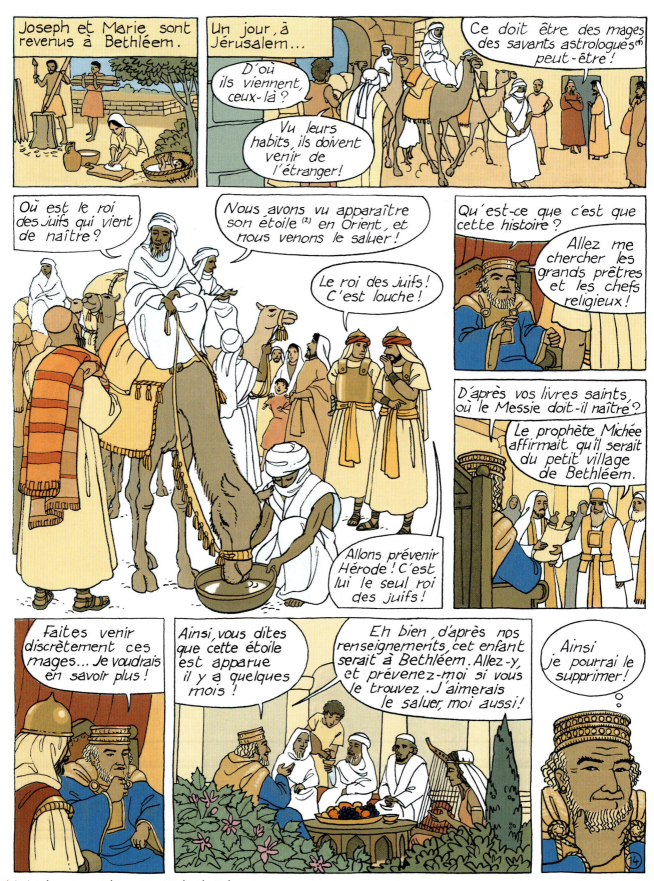

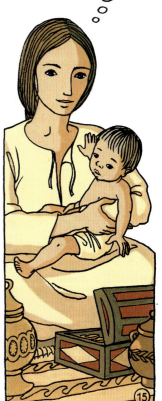

23

Et les années passent...

Jésus, donne-moi la cruche! Elle est trop lourde pour toi!

Joseph, le repas est prêt!

On arrive!

Béni soit Dieu, qui tire le pain de la terre!

Béni soit Dieu!

Ah! Ah! Ah! Vous ne me rattraperez pas!

Répète après moi: «Notre Dieu est l'unique Seigneur...»

Tenez! Je vous ai apporté quelques légumes! Et j'espère que vous guérirez bientôt...

C'est un grand jour, aujourd'hui! Tu vas aller à l'école de la synagogue[1]!

Pour quoi faire, maman?

Pour apprendre à lire et à écrire, comme tous les garçons! Et puis pour mieux découvrir Dieu à travers l'histoire et la religion de notre peuple!

1. Synagogue : c'est le lieu de réunion et de prière des juifs.

Quand Jésus a douze ans...

Maman, j'ai plusieurs amis qui vont à Jérusalem pour la Pâque[1] !

Vous voulez bien m'emmener cette année ?

Justement, nous y pensions, Joseph et moi. Tu es assez grand maintenant pour participer à cette fête !

Oh ! Merci, maman !

Le jour du départ...

Papa, j'ai de quoi manger dans mon sac ! Je peux partir devant avec Samuel et Jonathan ?

Si tu veux ! Mais tu nous retrouves ce soir, au campement.

Et quelques jours plus tard...

Jésus, regarde ! Voici Jérusalem !

Cet immense monument, c'est le Temple, la maison de Dieu !

♪ ♫ ♪ J'étais dans la joie, Alléluia ! quand je suis parti vers la maison du Seigneur !...

Il y a beaucoup de monde en ville. Il vaut mieux camper ici, dans le Jardin des Oliviers !

J'emmène Jésus au Temple acheter l'agneau pour le faire sacrifier !

Pendant ce temps, nous préparons les autres plats du repas pascal !

Lors de la Pâque, nous fêtons Dieu qui libère notre peuple.

Drôle de liberté, avec les Romains !

1. Pâque : c'est une très grande fête religieuse pour les juifs. Ils fêtent Dieu qui a libéré leurs ancêtres de l'esclavage en Égypte.
À l'époque de Jésus, la Pâque durait sept jours.

Selon l'habitude, c'est au plus jeune de poser des questions sur ce repas.

Jésus, je t'écoute !

Pourquoi mangeons-nous cet agneau rôti avec du pain sans levain et une sauce aux herbes amères ?

C'est pour rappeler le dernier repas que nos ancêtres ont pris en Égypte avant d'être libérés de l'esclavage par Dieu !

Le lendemain après-midi...

Il est temps de repartir ! Où est Jésus ?

Il doit être avec Samuel et Jonathan. Nous le retrouverons ce soir !

Mais...

Jésus n'est pas avec vous ?

Non, on ne l'a pas vu ce matin !

On a pensé qu'il voulait rester avec vous !

Vous n'avez pas vu notre fils ?

Jésus ? Non !

Il faut revenir sur nos pas...

Pourvu qu'il ne lui soit rien arrivé !

Un jeune garçon qui cherchait ses parents ? Non je ne l'ai pas remarqué !

Non! On ne m'a pas signalé d'enfant perdu.

⑳

29

Et la vie continue à Nazareth. Les Évangiles ne disent rien sur toutes ces années. Peut-être se sont-elles passées ainsi...

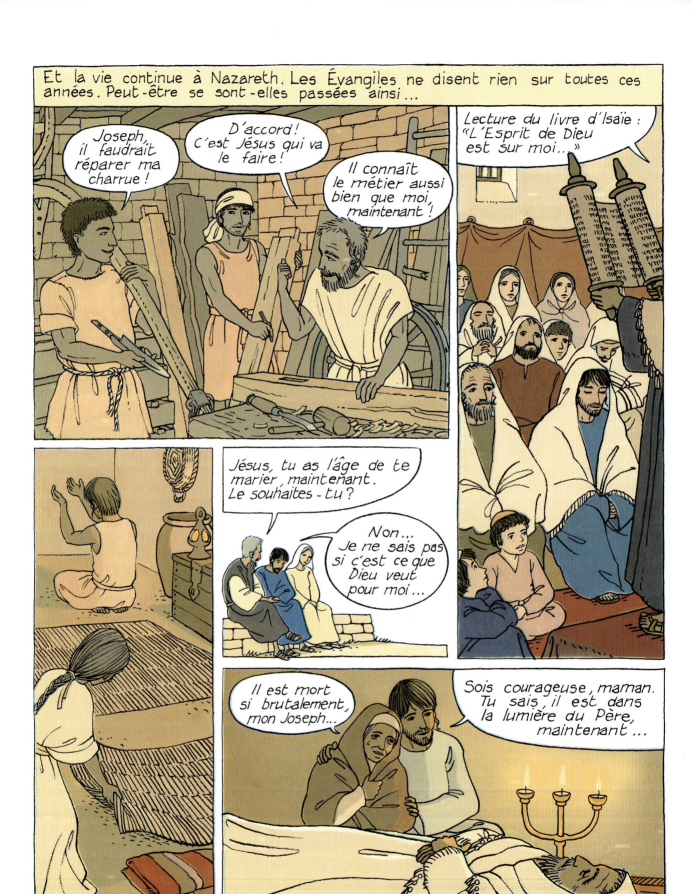

D'autres années passent. Jésus a trente ans. Un jour...

Tiens, j'ai vu ton cousin Jean, le fils d'Elisabeth! Tu sais qu'on le surnomme Jean Baptiste?

Ah bon?

On dit partout que c'est un nouveau prophète. Il vit dans le désert, au bord du Jourdain. Il annonce à tout le monde que le Messie arrive!

Et il baptise dans l'eau ceux qui veulent changer de vie. C'est pour ça qu'on l'appelle Jean Baptiste!

Maman, il faut que je parte voir Jean! Et je ne sais pas si je reviendrai...

Vas-y...

Je savais que ce jour-là arriverait...

Mon Dieu, je te fais confiance...

23

31

Quelque temps plus tard, Marie se rend à un mariage au village de Cana.

Jésus, toi aussi tu es invité? Je suis contente de te revoir!

Maman, je te présente mes nouveaux amis: André, Simon, Philippe, Jean et Barthélemy!

C'est un drôle de type, ce Jésus!

Oui, il s'est fait baptiser par son cousin. Et puis il est parti tout seul, dans le désert, pendant quarante jours, pour réfléchir!

Ses amis se demandent si ce n'est pas le Messie

Aïe! Le tonneau de vin est presque vide! La fête risque de se terminer tristement!

Il n'y a presque plus de vin! Tu ne pourrais pas...

Laisse-moi tranquille! C'est à Dieu de me dire le moment de me faire reconnaître...

Faites tout ce que Jésus vous dira...

1. Sabbat : dans la religion juive, c'est le jour de repos de la semaine, réservé à la prière.

1. Frères de Jésus : il s'agit des cousins de Jésus.

Quelques mois plus tard...

TOC TOC!

Marie, veux-tu venir avec nous à Jérusalem pour la Pâque?

Avec joie! J'aurai peut-être des nouvelles de Jésus!

À Jérusalem...

Holà! Ils ont l'air nerveux!

Allez! Circulez!

Il n'y a pas tant de soldats d'habitude pour surveiller les pèlerins!

Il a dû se passer quelque chose...

Marie! C'est vous...

Jean! Mais... Qu'avez-vous?

Venez plus loin, on pourrait nous entendre!...

29

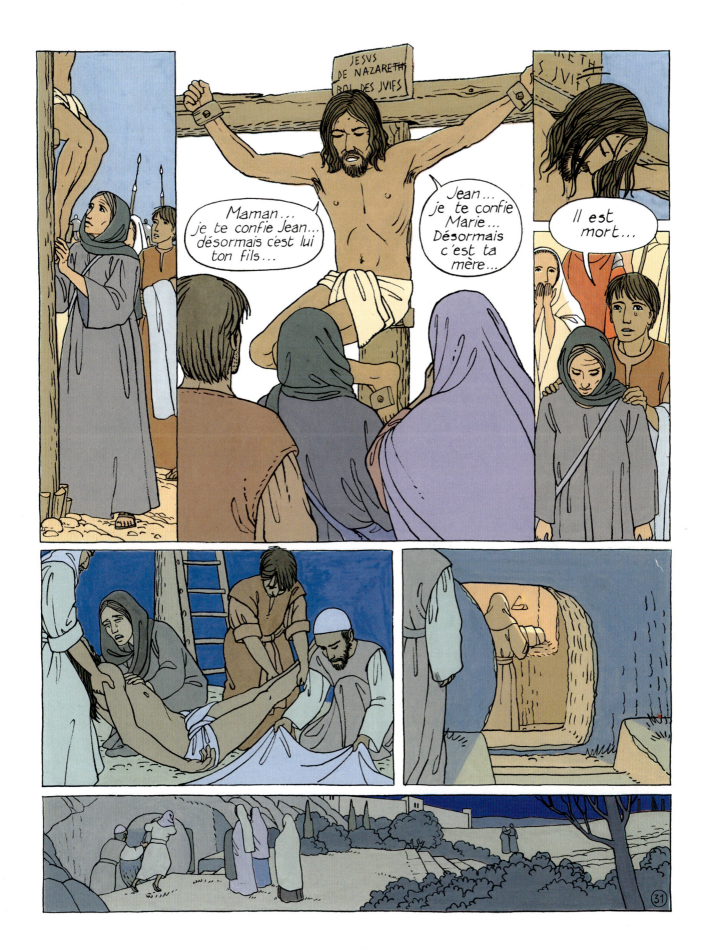

JÉSUS EST VIVANT !

Nous revenons du tombeau! Il est vide! Et un ange nous a dit que Dieu avait ressuscité Jésus !

Mon Dieu, je savais bien que tu ne le laisserais pas dans la mort ...

Marie, venez avec nous ! Tous les amis de Jésus se réunissent en cachette. Nous allons prier pour essayer de comprendre ce qu'il attend de nous...

Et cinquante jours après la Pâque, pendant la fête de la Pentecôte, la lumière et le souffle de l'Esprit de Dieu les remplissent...

C'est à moi... c'est à nous de continuer à annoncer le message d'amour de Jésus, mon fils, et le fils de Dieu...

Après la Pentecôte, la Bible ne parle plus de Marie. Les chrétiens des premiers siècles ont raconté qu'elle avait quitté la Palestine pour aller habiter à Éphèse (en Turquie). On ne sait pas quand Marie est morte. Mais des chrétiens croient que Dieu n'a pas voulu laisser son corps se détruire. Il l'a prise avec lui, comme Jésus. C'est "l'Assomption" de Marie. On la fête le 15 août.

Marie,
est-ce un hasard
si les lettres de ton nom
forment le mot « aimer » ?

Marie,
tu as aimé Dieu
au point d'accueillir
cette étonnante naissance.

Marie,
tu as aimé Jésus
au point de le laisser suivre son chemin
jusqu'à la mort.

Marie,
tu as aimé en silence et en actions,
comme beaucoup de mères
aiment leurs enfants.

Marie, surtout,
tu as été la mère
de Celui qui nous fait aimer le Père.

Benoit Marchon

Nous connaissons la vie de Marie grâce à ce que dit la Bible, mais elle n'en parle pas beaucoup. Ce sont principalement les Évangiles selon saint Luc et selon saint Matthieu qui nous la font connaître. En voici les références :

Marie et l'ange Gabriel (l'Annonciation)
Évangile selon saint Luc, chapitre 1, versets 26 à 38.

Marie chez sa cousine Elisabeth (la Visitation)
Évangile selon saint Luc, chapitre 1, versets 39 à 56.

Le mariage de Joseph et Marie
Évangile selon saint Matthieu, chapitre 1, versets 18 à 25.

La naissance de Jésus à Bethléem
Évangile selon saint Luc, chapitre 1, versets 1 à 7

La visite des bergers
Évangile selon saint Luc, chapitre 2, versets 8 à 20

La visite des mages
Évangile selon saint Matthieu, chapitre 2, versets 1 à 12

La fuite en Égypte et le massacre des enfants de Bethléem
Évangile selon saint Matthieu, chapitre 2, versets 13 à 18.

Le retour à Nazareth
Évangile selon saint Matthieu, chapitre 2, versets 19 à 23.

La circoncision et la présentation de Jésus au Temple de Jérusalem
Évangile selon saint Luc, chapitre 2, versets 21 à 35.

La première Pâque de Jésus à Jérusalem
Évangile selon saint Luc, chapitre 2, versets 40 à 52.

Le mariage à Cana
Évangile selon saint Jean, chapitre 2, versets 1 à 12.

Jésus à la synagogue de Nazareth
Évangile selon saint Luc, chapitre 4, versets 16 à 30.

La vraie famille de Jésus
Évangile selon saint Matthieu, chapitre 12, versets 46 à 50.

Marie à la mort de Jésus
Évangile selon saint Jean, chapitre 19, versets 25 à 27.

La résurrection de Jésus
Évangile selon saint Matthieu, chapitre 28, versets 1 à 8.

La Pentecôte
Actes des Apôtres, chapitre 2, versets 1 à 4.

Dans la collection *Les Chercheurs de Dieu*